ウガンダを変えた

ブレークスルーの祈り

壁を打ち破る
勝利の祈り

マイケル・キムリ 著
Michael Kimuli

トランスフォーメーション・グロース

Effective Fervent Prayer

by

Michael Kimuli

Published by New Wine Press

PO Box 17 Chichester PO20 6YB, United Kingdom

日本語版に寄せて

昨年、私はニューミレニアムでの最初のリバイバルの地、ウガンダを訪問した。

最も感動的な夜は、山の上にある祈祷院での一晩。賛美と踊りと証しに包まれた二四時間の祈りがささげられる中で、私も彼らの中にとけ込んだ。久しぶりに詩篇四二篇の祈りの淵に赴いた。

本書はその祈りの神髄を教えている。あなたを本物の祈り、聖霊の至聖所へと案内する。神の心臓に案内するであろう。これを実践していけば、地上において天上の生活をするようになるであろう。

友である著者、マイケル・キムリ師に感謝する。

二〇〇六年一二月二一日

トランスフォーメーション・グロース代表

卞　在昌

謝辞

まず、この本を著すにあたって、私に多くの知恵を授けてくれた友人たちに感謝したいと思います。彼らの助けなくしては、この本が出版されることはなかったでしょう。

第一に、私の牧師であり助言者であるジョン・ムリンデ師に感謝します。今日の私があるのは、師の率直かつ私心のない支援によるところが大きいからです。

ピーター・オドイ牧師の勧めによって、私はこの本を執筆しました。そればかりでなく、師は神が与えてくださった祈りに対する思いと啓示とを書き記すように、私を促してくださいました。師のご貢献なくしては、この本が世に出ることはなかったでしょう。

助力に感謝します。

妻のサラは、私にとって特別な祝福です。福音に仕える伝道者として、彼女の励ましと援助はなくてはならないものです。神が妻に報いてくださいますように。

ワールド・トランペット・ミッション、カンパラ

マイケル・キムリ

推薦のことば

私たちは今日、教会の歴史の中でいまだかつて経験したことのない、祈りの世界的な拡大の時代に置かれています。しかし祈りが拡大するにつれ、多くの人々が、より効果的な祈りの方法に飢え渇いています。彼らはただ祈ることに満足せず、霊に燃える、力ある祈りを求めています。

マイケル・キムリと私は、霊に燃える力ある祈りを体験するため、多くの時間を共に神の前にささげました。この経験を通して私たちは、勝利を得る祈りにはいくつかの原則があることに気付かされたのです。ウガンダという国において、私たちはこの原則に従って祈り、それが効果的なものであることを体験しました。

マイケルは鍵となる原則を、明確かつコンパクトにまとめました。この原則は、より効果的な祈りをささげようと願う魂に大きな変革をもたらすことでしょう。この本は、実践のために書かれた本です。祈ることは決して簡単ではありません。神とのより深い体験を得るため、今、すばらしい秘密が明かされようとしています。

ワールド・トランペット・ミッション、ディレクター
ワールド・プレイヤー・ネット（ウガンダ）、ディレクター
ジョン・ムリンデ牧師

「アフリカの真珠」と呼ばれる国ウガンダは、想像を絶する苦難を長く経験してきました。ウガンダの厳しく激しい悪との戦いの現実を通して明らかに分かることは、主の教会が一致して真剣に主を求めるとき、主は教会を用いて国家に救いと解放をもたらしてくださるということです。そして、どんな国でもいつの時代でも、そこに至る道が祈りであることも明らかです。

主のみわざを呼び起こす祈りがどんなものかを知っているウガンダの教会の中で、その先端を担っているのがワールド・トランペット・ミッションであると理解していますが、そのマイケル・キムリ副牧師の書が日本語でこの時に出版されることは、まさに主のお計らいだと確信します。

祈りの重要さはキリスト人誰もが知るところです。しかし、主のお働きを実現する「効果的」な祈りがどういうものかを具体的に、とても分かりやすく提供してくれる本書は、私たち日本の教会がこれを主のみこころの現われと受け止めて実践するなら、日本のトランスフォーメーションのための非常なツールとなるに違いありません。主に感謝します。

二〇〇六年一二月

トランスリンク・ジャパン

森　章

まえがき

辛抱強いリーダーシップと力強い祈りは、都市や国家レベルでの神の国の変革をもたらす働きにおいて、世界中どこにおいても必要不可欠な二つの核心です。

この本は、あなたの祈りの生活を決定的に変えることになるでしょう。近年、ウガンダにおいて見られる多大な変化の本質の鍵を、著者は解き明かしています。これらの鍵は、ウガンダに限らず、ほかの町や国、そしてコミュニティーに住むすべての人々に提供されています。

これらの鍵が正しく用いられるなら、あなたの祈りの生活は劇的に変えられ、国家の根底すら揺さぶる熱い情熱と期待に火をつけることでしょう。効果的かつ熱い祈りによる変革の力によって、国家の命運が解き放たれること自体が証しとなり、将来の行方を探るほかの国々に対するチャレンジともなるでしょう。あなたにはこのチャレンジを受け取る用意があるでしょうか。

聖書を開きながらこの本を読むことをお勧めします。そうするなら、あなたはチャレンジを受け、あなたの祈りの生活は変えられるでしょう。

神は、破れ口に立ち、祈りのために必要な代価を払っている選ばれた者たちに答えるため、社会全体に神の変革の力を解放するよう、準備されています。あなたは祈りによって、あなたの国が生ける神と出会うための役割を果たすことになります。

それは逃してはならないチャレンジであり、冒険です。

二〇〇二年四月二九日　カナダ

センティネル・ミニストリー、ディレクター

アリステア・P・ピートリー牧師

目次

序章

序章

著名なクリスチャン作家であり、聖書の教師でもあるアンドリュー・マーレーは、数十年前に次のように記しました。

「人は、祈りの生活より大きな存在ではない。神の前にひざまずく人とはどんな人だろうか。来るべき時が来たとき、人の思いが明らかにされるだろう。偉大に見えていた人が実は小さく、大したこともないと思っていた人が霊的な巨人となるだろう」

祈りは、神と人とのかかわりの中心です。信仰者の霊的な生活の質と経験は、彼らの祈りの生活に比例します。ひざまずくことなしに、だれ一人として霊的に引き上げられることはありません。あなたの祈りの生活が、あなた自身となるのです。

一九世紀に活躍したアメリカ人の伝道者、チャールズ・フィニーについて読んだことがあります。彼は、熱心な祈りのゆえに有名でした。その結果、フィニーはどんな所へ行っても神のご臨在の柱を運びました。彼が町や村を通り過ぎるだけで、リバイバルが訪れたのです。

一九九四年にジョン・ムリンデ師に初めて会ったとき、私は祈りの力と必要性について学びました。そのころ、私はカンパラの郊外で持たれていた祈り中心の家庭集会に参加していました。私たちのグループは、別の場所で持たれていたグループと交流を持つ機会が与えられました。あるとき、私たちが一緒に交わりをしていると、このグループのリーダーがジョン師について語りました。私たちは、神がご自身の目的のために聖別された人々について語り合っていたのですが、このリーダーはジョン師も彼らの内に入ると説いたのです。

memo
カンパラ
東アフリカ・ウガンダの首都。ビクトリア湖の北岸にある市街地で、七つの丘に囲まれた美しい都市。

数日後、ジョン師が私たちの交わりを訪ねてきました。彼の証しを聞くうちに、私は大きな感銘を受けました。私は、神との契約を更新し、心から神に仕えることを約束しました。その後、ジョン師は私たちのグループを何度か訪れてメッセージを語ってくれました。私の魂が、ジョン師の教えに応答していることを感じました。彼が、私の霊的成長においてきわめて重大な影響を及ぼすだろうと思いました。そして同じころ、ジョン師も、神が自分を私の牧師として、そして霊的な父として導いていることを感じていました。私たちは定期的に会い、交わりを持つようにしました。私たちの会話のほとんどは祈りについてでした。

一九九五年に、ジョン師はウガンダについての預言を主から与えられました。そのすぐ後で、ジョン師は私に、「私と一緒に伝道することについて祈ってほしい」と求めてきました。祈

memo

ウガンダ

一八九三～一九六二年までイギリスの保護領だったが一九六二年一〇月九日に独立。

公用語：英語、スワヒリ語

宗教：キリスト教六〇～七五パーセントと言われる。他は伝統宗教、精霊信仰三〇パーセント、イスラム教一〇パーセント。

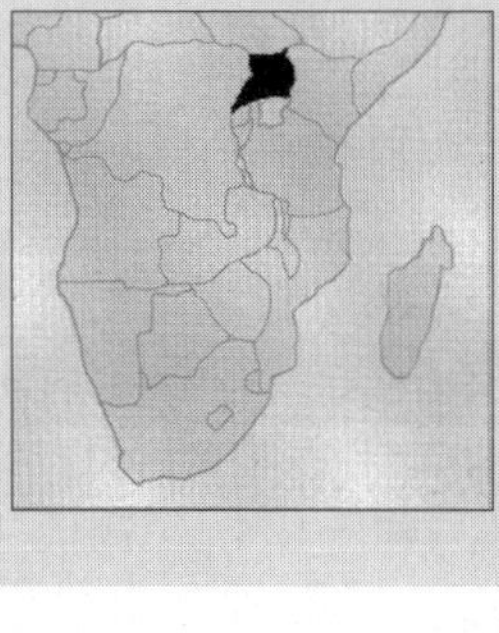

りの中で、ジョン師と一緒に伝道するよう導きを受けたので、私は彼の伝道に参加することにしました。私たちはウガンダ中を巡り歩き、教会が立ち上がって祈るよう励ましました。ジョン師と身近に接するようになると、私自身の祈りの生活がチャレンジを受けるようになりました。祈るために真夜中に起きることを学びました。また、力強い祈りの生活を維持するために、いろいろな実践的な方法を開発し、身に付けました。私の祈りの生活は深まっていきました。

神はジョン師に、ウガンダのリバイバルのための戦略を用意しておられました。創世記一二章と一三章で、アブラハムは彼とその子孫とに約束されたカナンの地に入ったとき、まずは祭壇を築きました。主は、ジョン師に同じ戦略を用いるよう語られました。「祈りのネットを張り巡らすことによって、私はウガンダを荒波から救い上げる」というものでした。

私は、私の村でその戦略を試すようジョン師に伝えました。私の村は、呪術や酒乱など多くの悪で満ちていました。村には伝統的な教会が一つ建っていました。私は妻と一緒に、村のために断食をもって祈り始めました。村に住むほかの信仰者たちも、私たちの祈り会に参加するようになりました。家から家を回って祈りました。霊的な祈りの地図を持ち、その情報に従って祈るようになりました。私たちは毎日欠かさず祈りました。

しばらくすると、目に見えて変化が起こり始めました。呪術師の館が閉じられました。新しく教会が建てられました。村の呪術師たちが私たちの祈り会について不満を持っていると言って、父が私に向かって忠告をしてきました。私は祈りの力によって変化が起こったことに、大きな励ましを受けました。祈りの戦略が効果的であることが証明されたのです。私の祈りの生活は、より深いものとなりました。

私はそれぞれ自分のコミュニティーのために祈るよう、人々を大胆に励ますようになりました。困難と思われる場所でも祈ることをあきらめず、逆に祈りに専念する時間を増やすよう勧めています。私は、ブレークスルー（障壁を突破する）のレベルで祈る方法を身に付けました。祈るとき、力強く継続することが必要であることを学びました。

私は多くのクリスチャンたちが、一度は祈ろうとしたことを知っています。しかしここで私が言いたいのは、一般的な祈りのことではありません。ブレークスルーの祈りについて、私は語っているのです。いつも神を感じ、神を体験しているという類の祈りです。私は、個々の信仰者が効果的かつ熱い祈りを通して、個人のレベルにおいて、家庭において、また国家のレベルにおいて、リバイバルを体験できるようになることをお見せしたいのです。

私は確信します。だれでもこの本を最後まで読み通すならば、今までと同じ霊的状態に留まることはないでしょう。今まで考えも及ばなかったような祈りをささげようと、奮い立つことでしょう。父なる神と時間を過ごすことが喜びとなるでしょう。そして、とてつもないブレークスルーを体験するようになるでしょう。

ずいぶんと前の話になりますが、主は私たちに、ウガンダを祈りの宣教国家となるように導いておられることを明らかにされました。私たちがどこへ行こうとも、いつ伝道しようとも、私たちは、祈りと恵みと懇願の霊を授けることになると。ですから、だれでもこの本を読み、学んだことを心に蓄えるなら、その霊はあなたのものとなります。

ワールド・トランペット・ミニストリー

マイケル・キムリ

第一章

なぜ祈るのか

第一章

なぜ祈るのか

あなたがたがわたしを呼び求めて歩き、わたしに祈るなら、わたしはあなたがたに聞こう。もし、あなたがたが心を尽くしてわたしを捜し求めるなら、わたしを見つけるだろう。（エレミヤ二九章一二～一三節）

聖書には、神がご自分の民を祈りに招いておられることを示す箇所がたくさんあります。この聖句はその一つです。私たちは、祈ることに価値があり、それが有益であることを知っています。聖書は繰り返し、神を求めるように私たちを励まし、時には命令しています。勝利あるクリスチャン生活を送るために、祈りを欠かすことはできません。

祈りとは

この本では、効果的な祈りの力について探りますが、まず私たちは祈りの意味を明確にする必要があります。聖書において教えられている祈りとは、いったい何なのでしょうか。

簡単に言えば、祈りとは、地上において神のみこころを成就するため、神と神の民がパートナーを組むということです。祈りは、地上において神のみこころを宣言することです。

本当の祈りは神とパートナーになることですから、一方通行であってはいけません。一方的に神に語るのではなく、神と会話をすることが祈りです。祈りにおいて、人が神に語り、神が人に語ります。人は自分の心を神に注ぎ、神もご自身の思いを人に注がれます。

多くの場合、私たちは祈るとき、神に助言をし、それが祈りだと思い込んでしまいます。自分の置かれている状況に対して、神にアドバイスをするのです。あたかも神が私たちのことを知らないかのように、自分が置かれている状態を説明するだけでなく、その解決方法をも神に知らせようとします。神に対する助言を終えると、神が語る前に私たちはさっさと祈ることをやめてしまいます。

マタイによる福音書では、「…しかし、あなたがたの天の父は、それがみなあなたがたに必要であることを知っておられます」（六章三二節）と教えています。

私たちの必要を神に祈る前に、神はそれらのことを知っておられるのです。祈りにおいて私たちは何か新しいことを神に知らせることはできません。ですから、神に私たちの状況をお知らせするだけで、祈ることをやめてしまってはいけないのです。

私たちが口を開く前に、神が私たちのすべての必要をご存じだとしたら、なぜ祈る必要があるのかと考える人がいるかもしれません。その問いかけに対する答えはこうです。もし神がご自身のみこころと目的を、私たちの生活において、またこの地上で成し遂げるとするなら、神は私たちのパートナーとなり、私たちと協力関係に入る必要があるからです。

罪の問題

私たちは罪人です。私たちの内には罪と堕落した性質が宿っています。その結果、私たちの内にあるすべてのものは、神に応答するよりも悪魔に応答しやすいのです。主に自分自身を明け渡した後でも、私たちの内側には私たちを闇の世界へ引き戻そうとする何かが潜んでいます。

祈りは、私たちを暗闇の世界へと引き込もうとする力から私たちを切り離します。祈りを通して、私たちは何度も繰り返し、自分自身を神にささげます。そうすることによって、神のみこころや目的から私たちを引き離そうとする罪の力から、自分を解放することができるのです。神を求める思いを持って祈るなら、内にある悪い思いを打ち砕くことができます。神と交わるとき、私たちの考えが神の思いに相反するものであることを知るでしょう。もし、私たちが神の目的とご計画を求めるなら、私たちの意図することや計画などが間違っているときには、自分の思いを変えなければならないことに気付くことでしょう。

神の働きを促す

祈りによって、神は私たちの代わりに働かれます。創世記には、「わたしの霊は、永久には人のうちにとどまらないであろう」(六章三節)と記されています。神は、人にご自身のみこころを行うよう強要したりはしません。神は私たちの意思を無視して、ご自身のみこころを押し付けることはなさいません。ですから私たちは祈りにおいて自分の必要を神にゆだねることによって、神にその必要を満たしてもらうように働いていただくのです。

もちろん、神は悪を行う人、そして祈ったことのない人にも善を施されます。「なぜなら、いと高き方は、恩知らずの悪人にも、あわれみ深いからです」(ルカ六章三五節)。しかし、神は行動を起こされる前に、私たちが神のみもとに来て神と交わることを求められるのです。

イザヤ書一章一八節で、神は「さあ、来たれ。論じ合おう」と言われます。また、「たとい、あなたがたの罪が緋のように赤くても、雪のように白くなる」と約束しています。続く一九節では、「もし喜んで聞こうとするなら、あなたがたは、この国の良い物を食べることができる」と教えています。もし、私たちが自分の主張を神に申し上げるなら、神もご自身のみこころを述べられます。私たちは、神と論じ合うことが許されています。そのとき、私たちの主張が神のみこころと反するものであることを知るでしょう。私たちは悔い改めと砕かれた魂を持って、神のみこころに身をゆだねるのです。

強力な関係への鍵

祈りのない生活は、全能の神とのパートナーシップを持たない生き方であり、とても危険なことです。祈りが欠乏しているということは、自分の理解力、自分の計画、そして未来に対し、限られた情報を持って生きるということです。

祈りとは、神と会話を進めることです。ご存じのように、会話を通して私たちは関係を築きます。どんな結婚でも、良い会話がなければ成り立ちません。夫婦はお互いに対して心を閉ざしたままで、関係を継続することはできません。心を開いて語り合う必要があります。

会話の質が関係の深さを決定します。クリスチャンが祈りなくして、力強い関係を神と築くことはできません。それにもかかわらず、多くのクリスチャンにとって、祈りは優先順位の最後にあることを私は知っています。彼らはどのようにして父なる神と歩むのでしょうか。

祈りを嫌う悪魔

エペソ人への手紙六章十節から一二節では、信仰者が主の偉大な力によって強くなるように勧められています。なぜなら、「私たちの格闘は血肉に対するものではなく、主権、力、この暗やみの世界の支配者たち、また、天にいるもろもろの悪霊に対するもの」だからです。

私たちの敵は肉体を持っていません。ですから、私たちは肉的な武器を、敵に対して用いることができません。敵に対しては、霊的に攻撃をしかけるしかないのです。祈りは、私たちに与えられている強力な霊的武器です。

悪魔は祈りを嫌います。悪魔にとって祈りは致命的だからです。悪魔は、教会や信仰者が効果的な祈りに専念してほしくないのです。ですから、悪霊たちは信仰者の祈りの生活を妨げようと日夜励んでいます。

もし信仰者の祈りを弱めることができたなら、国家や家庭、教会、そして個々の信仰者たちに対し、悪魔は自分の思い通りに悪を行うことでしょう。

私たちが祈るとき、悪魔は敗北するのです。私たちは絶えず、悪魔が敗北するよう祈らなければなりません。

聖なる祭司 vs 悪魔の祭司

神は、クリスチャンたちがブレークスルーを体験できるレベルで祈るよう、召しておられます。私は、イザヤ書一一章九節で語られた預言のことばが、じきに成就することを信じています。

わたしの聖なる山のどこにおいても、

これらは害を加えず、そこなわない。
主を知ることが、
海をおおう水のように、地を満たすからである。

私たちは、いまだかつてだれも体験したことがないようなブレークスルーの体験をするようになると信じています。神の国は必ず勝利します。

しかし、このことが起こる前に、神の民は、すべての町や国、そしてコミュニティーにおいて、神の前に祭司として立ち上がり、力ある祈りを神にささげる用意をしなければなりません。神はいつも、神を敬う祭司たちを呼び出されます。神は、町や国やコミュニティーのためにとりなしの祈りをささげる祭司たちを召し出されます。その反対に、悪魔も自分の祭壇で仕える祭司たちを呼び出し、神を敬う祭司たちの働きを妨害しようとします。

アフリカでは、悪魔に仕えるしもべたちを割り出すことはそれほど難しいことではありません。なぜなら、悪魔を祭る神殿や「呪術師」というような職業があるからです。悪魔に仕える祭司たちを見つけたいと思うなら、彼らが集まる場所に行けばよいのです。しかし西洋においては、悪魔に仕える人たちを見つけることは簡単なことではありません。彼らの神殿は、他の建造物と同じように建てられています。西洋には、悪魔崇拝者はいないと言う人もいます。しかしそれは大きな間違いです。第三世界と同じように、先進国においても悪魔に仕える多くの祭司たちが存在し、活動しています。

使徒の働き八章で、シモンという魔術師についての言及があります。彼は長い間サマリヤの人々を操り、驚かしてきました。この町の要塞は魔術でした。シモンを通して現れた悪魔の力がこの町の人々を恐れさせ、その力のとりこにしてしまっていたのです。しかし、それはピリポが来たことによって打ち破られました。

ピリポは、エルサレム教会の執事でした。彼は使徒でもなければ、牧師でもありませんでした。しかし、神のご臨在が彼と共にありました。ピリポがサマリヤで伝道したとき、悪魔の力が神の力に比べると劣るものであることが明白になりました。数日の間に、この町に対する悪魔の働きが崩壊します。魔術師シモンですら説き伏せられました。一時的ではありますが、シモンはピリポと行動を共にするようになったのです。

もし、一人の信仰者によってサマリヤの町に対する悪魔の力のもろさが暴かれたとするなら、二、三人の信仰者が一緒になったときどんなことが起こるでしょうか。

悪と戦い、町や国に影響力を持つ悪の力を滅ぼすために、今、神は教会に油を注ごうとされているのではないでしょうか。それはサマリヤで起こりました。それは今日においても起こり得ることです。多くの場合、神を敬う祭司よりも悪に仕える祭司の方が敬われています。牧師や霊的な指導者たちよりも、魔術師の方がより高い地位を占めています。しかし、それはもう終わろうとしています。神様は、私にそのように示してくださっています。

神を神とせよ

あるクリスチャンたちは、私たちの住むこの地に悪魔の力が働いていることに失望しています。悪魔の力が強く働いているので、祈ることに対して無気力になっているのです。同性愛や堕胎が合法化されているのに、なぜ祈る必要があるのでしょうか。神のおきてを無視するような法律を定める国に対して力を持たない教会が、何かをすることができるのでしょうか。

私の答えは簡単です。私たちは全能の神に仕えています。神の御座は天にあり、地は神の足台です。神のご臨在の前には、すべての国が力を合わせても、それは一滴の滴《しずく》のようなものなのです。私たちは力を持つ神に仕えています。神は全能なる方であり、神ご自身が全能なのです。神に不可能なことは一つもありません。

神の力を見くびってはいけません。世にはびこる悪に目を向け過ぎてしまい、祈るという重荷を忘れてはいけません。確かに、世界が良くなっているとは思えませんし、悪いことばかりが起きているのも事実です。しかし、それだけを見てしまっては不十分です。別の見方をするなら、神はすべてを支配し、その偉大な力をもって人々を救い、解放し、状況を変えようと働いておられます。

私たちが地上に生きている間に、神のみこころが地においてなされるかもしれません。私たちは祈るべきです。神を求めるべきです。神が私たちの町や国を、この地における賛美の場と変えてくださるまで、私たちは立ち上がり、神を呼び求めるべきです。それは、不可能ではありません。

勝利！

わたしはあなたがたのために立てている計画をよく知っているからだ。――主の御告げ――それはわざわいではなくて、平安を与える計画であり、あなたがたに将来と希望を与えるためのものだ。（エレミヤ二九・一一）

神は、私たち一人ひとりにご計画をお持ちです。神は、あなたに対して希望と将来を約束しています。神は良いご計画を持ってあなたを導いておられます。

多くの場合、私たちの問題は神の視点から物事を判断しないことから起こります。神は、私たちの存在の始まりと終わりを知っておられます。神は、私たちにとって何が一番良いことであるかをご存じです。私たちがどんな状況に置かれても、神は私たちを導くことがおできになり、私たちがどんな状態にあっても、神は私たちにとって最善の道を知っておられるのです。

神は私たちに祈るように呼びかけておられます。神は私たちを知っており、私たちのことをいつも考えておられるのです。神は、私たちが神の恵みや助けを求めることを願っておられます。神は、私たちが神なくして生きることができないということを知っておられます。私たちはもっと祈りに専念すべきです。祈りによって、私たちは神のみこころと、神が私たちのために用意しておられる目的とを知ることができるようになります。もし私たちが祈るなら、神は私たちの祈りに耳を傾け、神が私たちに抱いておられるその思いを実現することを約束してくださいます。

祈りが疲れる仕事であってはなりません。私たちは、喜んで祈るべきです。それは自分のためであり、私たちが愛すべき人々のためでもあります。主イエスは弟子たちを教えて、「誘惑に陥らないように祈っていなさい」（ルカ二二・四〇）と言われました。私たちの祈りに力がなければ、敗北は間近に迫っています。神は私たちを愛しており、私たちが幸福になることを願っておられます。しかし、神のみこころが自動的に行われるというわけではありません。弟子たちは、イエスの教えをしっかりと受け止めることをしませんでした。ですから、彼らは教えをいただいた直後に大きな失敗を犯してしまいました。信仰的に弱っていたので、主が復活された後、ペテロははじめ、復活の主を認めることができませんでした。主を決して否定しないと言い切ったペテロでしたが、彼は以前の漁師に戻っており、イエスが岸辺に立っておられるにもかかわらず、ヨハネが「主です」と告げるまで、イエスのことを認めることができませんでした。もし、ペテロやほかの弟子たちが、主が教えられたように祈り続けていたなら、恥ずかしい思いをすることはなかったでしょう。

　私たちは祈らなければなりません。キリストの教えを広めた弟子たちが人生の勝利を体験するために祈ったのならば、私たちはどれだけ祈ることに専念しなければならないでしょうか。

第二章

第1段階の祈り

求める祈り

求める祈り

ルカの福音書一一章一節から一三節によれば、イエスが弟子たちの求めに応じ、祈りについて教えられたことがわかります。一般的に「主の祈り」として知られている祈りを、主は弟子たちに教えられました。

主は、弟子たちが皆で集まったときも、また一人で祈るときも、この祈りをモデルとして用いるよう教えられました。主は、主の祈りを一字一句まねるよう弟子たちに命じたのではなく、祈るときのガイドラインとして用いるよう諭しました。マタイの福音書にある並行記事を見ると、六章九節で、「だから、こう祈りなさい」（訳註・英語ＮＩＶ訳では「このように祈りなさい」）と訳されています。「このように」ということばに注目してください。それは、「このようなパターンで」とか、「このガイドラインに沿って」とかいう意味であることを理解することができます。

主の祈りで取り上げられている祈りのパターンを見ると、異なる種類の祈りが組み合わされていることがわかります（エペソ人への手紙六章一八節に、異なる祈りについて示唆されています）。それは、

1．交わり：天にまします我らの父よ
2．賛美：ねがわくは御名をあがめさせたまえ
3．とりなし：御国をきたらせたまえ。みこころの天になるごとく、地にもなさせたまえ
4．願い：我らの日用の糧を、今日も与えたまえ
5．悔い改め：我らに罪をおかす者を、我らがゆるすごとく、我らの罪をもゆるしたまえ
6．解放：我らをこころみにあわせず、悪より救いいだしたまえ
7．礼拝と感謝：国と力と栄えとは、限りなくなんじのものなればなり

です。

祈りのパターンを弟子たちに教えられた後、主は、祈りにおける忍耐の大切さを教えられました（ルカ一一・五～八）。忍耐については、後で取り上げることにします。そして、九節と

一〇節を読むと、主が祈りについて興味深いことばを語られていることに気付かされます。

わたしは、あなたがたに言います。求めなさい。そうすれば与えられます。捜しなさい。そうすれば見つかります。たたきなさい。そうすれば開かれます。だれであっても、求める者は受け、捜す者は見つけ出し、たたく者には開かれます。

主は、ここで三段階の祈りについて教えておられます。第一段階は求めるという段階の祈りです。第二段階は捜すという段階の祈りです。そして、第三段階はたたくという段階の祈りです。個々の段階における祈りはそれぞれ異なるものですが、一つ一つが祈りの大切な段階なのです。この章において、私たちは第一段階の祈りについて学ぶことにします。続く章では、残りの二つの祈りについて学びを進めていきます。

求める祈り

「求めなさい。そうすれば与えられます」と主は言われました。求める祈りは、力ある祈りの出発点です。祈りは、ちょうど山を登るようなものです。山のふもとから始まって山頂を目指して進むのです。ですから求める祈りは、言ってみれば「登山前の祈り」ということができるでしょう。

求める祈りは、願いをささげる祈りです。あなたの生活の必要について、具体的な要求を神に求める祈りです。

何も思い煩わないで、あらゆる場合に、感謝をもってささげる祈りと願いによって、あなたがたの願い事を神に知っていただきなさい。（ピリピ四・六）

この段階において、あなたは神に求めるべき必要を知っています。神に応えてもらいたい祈りのリストなどを持っているかもしれません。求める祈りは、明確な答えを求める段階の祈りです。

効果的な求め方

どんなに祈りをささげても、何一つ答えを得ることができないことがあります。効果的な祈りをささげるための準備として、私たちは効果的な求め方を知る必要があります。

1. 信じて求める

あなたがたが信じて祈り求めるものなら、何でも与えられます。

(マタイ二一・二二)

2. 主と生きた関係を維持する

あなたがたがわたしにとどまり、わたしのことばがあなたがたにとどまるなら、何でもあなたがたのほしいものを求めなさい。そうすれば、あなたがたのためにそれがかなえられます。(ヨハネ一五・七)

3. 正しい動機を持つ―きよさは、効果的な祈りを生み出します。

もしも私の心にいだく不義があるなら、

主は聞き入れてくださらない。(詩篇六六・一八)

4. 神のみこころに従って求める

何事でも神のみこころにかなう願いをするなら、神はその願いを聞いてくださるということ、これこそ神に対する私たちの確信です。私たちの願う事を神が聞いてくださると知れば、神に願ったその事は、すでにかなえられたと知るのです。

（Ⅰヨハネ五・一四～一五）

5. 具体的に求める

このことは、彼が信じた神、すなわち死者を生かし、無いものを有るもののようにお呼びになる方の御前で、そうなのです。彼は望みえないときに望みを抱いて信じました。それは、「あなたの子孫はこのようになる。」と言われていたとおりに、彼があらゆる国の人々の父となるためでした。アブラハムは、およそ百歳になって、自分のからだが死んだも同然であることと、サラの胎の死んでいることとを認めても、その信仰は弱りませんでした。彼は、不信仰によって神の約束を疑うようなことをせず、反対に、信仰がますます強くなって、神に栄光を帰し、神には約束されたことを成就する力があることを堅く信じました。だからこそ、それが彼の義とみなされたのです。しかし、「彼の義とみなされた。」と書いてあるのは、ただ彼のためだけでなく、また私たちのためです。すなわち、私たちの主イエスを死者の中からよみがえらせた方を信じる私たちも、その信仰を義とみなされるのです。主イエスは、私たちの罪のために死に渡され、私たちが義と認められるために、よみがえられたからです。（ローマ四・一七～二五）

6. **主を喜ぶ**

主をおのれの喜びとせよ。主はあなたの心の願いをかなえてくださる。（詩篇三七・四）

7. **神の約束に従って祈る**

8. **神の前に正しく生活する**

願っても受けられないのは、自分の快楽のために使おうとして、悪い動機で願うからです。（ヤコブ四・三）

考えて求める

求める段階の祈りは、頭を使って考えることがその基本となります。ほとんどの場合、霊がその祈りに参加することはありません。前にも述べたように、求めるという段階の祈りにおいて、私たちは自分が神から何を得たいのかをよく知っています。神のみこころにかなっているかどうか確認するために待つ必要はありません。あなたは自分の願望を知り、その願いが実現するよう神に求めるだけです。求める段階において、私たちはいつも神に語りかけています。

この段階における祈りは大切です。しかし求める段階の祈りで祈りが終わってしまうなら、私たちは神のご臨在の前に立つことができず、また、神との親密な関係に入ることもできません。

多くの信仰者は、求める祈りの中で神を捜し求めていると考えていますが、そうではありません。この段階において、祈りはあなた自身についてであり、あなたの思いを述べることであり、あなたの置かれている状況に対し、神の助けを求めるというものです。もちろん、神は私たちの必要を満たすことを約束してくださっています。しかし、この段階における祈りは一方通行であり、独り言を言っているようなものです。前章で私は、「真の祈りは会話である」と述べました。ですから、もし私たちが本気で祈りたいと願うなら、求める祈りでやめてしまってはいけません。次の、捜す段階の祈りに進む必要があります。

求める段階の祈りにおいては、祈りが繰り返され、しつこくなる傾向があります。あなたは祈りのリストを持っており、そのリストに従って祈ります。しかし、数分たつと祈るための項目がなくなってしまいます。もう少し祈りに時間を費やしたいという気持ちがあるので、もう一度そのリストに従って祈り始めます。また数分が経過すると、再び祈りのリストの第一番目の項目に戻って祈り始めます。あなたがこのような状態にあるとすれば、祈りのリストに従って祈ることを中断し、神を捜し求める段階へと進まなければなりません。

第二章

第2段階の祈り

捜し求める祈り

第2段階の祈り

捜し求める祈り

鹿が谷川の流れを慕いあえぐように、神よ。私のたましいはあなたを慕いあえぎます。私のたましいは、神を、生ける神を求めて渇いています。いつ、私は行って、神の御前に出ましょうか。私の涙は、昼も夜も、私の食べ物でした。人が一日中「おまえの神はどこにいるのか」と私に言う間。(詩篇四二・一〜三)

この詩篇は、神を捜し求める祈りの本質を表しています。

祈り続けていくと、一方的な祈りでは満足できない段階に達します。その時は、より高い次元に進むべきです。祈りのリストを祈り終えたとき、私たちは神を捜し求める段階へと進むのです。頭の中に祈りの内容が思い浮かばなくなってしまったからといって、祈ることをやめてしまってはいけません。あなたは今、より深い祈りの段階へと導かれているのです。捜し求める祈りの段階に入る手前で祈ることをやめてしまうと、神の最高の賜物を受け取ることができなくなってしまいます。

心を尽くして祈る

肉の力によって祈ることをやめたとき、心の深いところからわき上がる思いを持って祈ることができます。あなたの内なる人が祈り始め、あなたの内側から神を呼び求めます。このとき、祈りのリストや自分の状況から解放され、あなたは心の奥底から神との親密な関係を求め始めます。深さが深さを呼びます。「神よ。私はあなたを必要としています。あなたを求めます」。この段階では、自分の必要によって祈ることはしません。ただ神を求めて祈るのです。

飢え渇き

求める祈りの段階においては祈りに集中するため、心の中に湧いてくるいろいろな思いと戦わなければなりません。肉の力によって祈っているかぎり、この問題がなくなることはありません。しかし捜し求める祈りに入ると、内なる人、すなわち私たちの魂が祈り始めますから、神が祈り自体を支配されるようになります。神と聖霊の臨在を求め、より大きな飢え渇きを覚えるようになります。このこと自体が祈りに力を与えます。霊の世界を体験するようになり、霊の流れが明確になってきます。祈りをやめたいという思いが薄れていきます。神に触れ、神を感じ、父なる神のご臨在を実際に体験することが、祈りをささげる者の願望となります。神によって物質的な必要を満たしていただくことが祈りの動機ではなく、ただ神を求める思いだけがあなたを祈りに導きます。

捜し求める段階の祈りは何と麗しいことでしょう。時間に縛られることなく、ただ神を求める祈りは何と心地よいことでしょう。あなたが欲している方はただ神のみです。神にあなたの問題を解決していただくという段階ではありません。ただ神を求める。それこそが飢え渇きです。

私たちが神の前にひざまずき、祈り続けることを学ぶなら、だれでもこの段階で祈ることができるのです。祈れば祈るほど、私たちは神に近づいていきます。

それができないのは、多くの人が祈ることをすぐにあきらめてしまうからです。ですから、霊の世界に到達するためのブレークスルーを体験することができません。

彼らの祈りは枯れていて、神に対する飢え渇きがありません。彼らの問題は、求める祈りの段階で祈りをやめてしまうことです。何か自分の必要のために祈れば、彼らにとっての祈りは終わりです。しかし、祈りの本質とは、より深いものです。祈ることが楽しみとなる、神を喜ぶ世界がそこにはあるのです。

神によって導かれる祈り

捜し求める祈りの段階では、神ご自身が祈りを支配されます。ローマ人への手紙八章二六節が、祈りにおいて現実のものとなります。

御霊も同じようにして、弱い私たちを助けてくださいます。私たちは、どのように祈ったらよいかわからないのですが、御霊ご自身が、言いようもない深いうめきによって、私たちのためにとりなしてくださいます。

もう何度もくり返したことですが、求める段階における祈りでは、神にあなたの状況や必要を伝えることが祈りの中心となります。しかし捜し求める段階においては、神とより親密な関係を持ちたいという思いが、あなたを祈りへと導きます。この段階においては、あなたの魂が神に向かっており、主ご自身があなたを助け、語ることばを備えてくださいます。あなたは、自分の正直な気持ちを言い表すのに十分なことばを持っていません。聖霊があなたを導き、あなたの心の奥底にある思いを語り始めます。あなたと神が、祈りにおけるパートナーとなります。自分の力と知恵で、あなただけが神に語るということはなくなります。

私たちがどんなに努力したからといって、神を捜し求めるという飢え渇きを体験できるわけではありません。神ご自身が、その思いを私たちに注いでくださるのです。人が飢え渇きを作り出すことはできません。ですから、神があなたの祈りを導くことなしに、飢え渇きを体験することは不可能です。そして、神のご臨在の前に十分な時間を取ることなくして、神があなたの祈りを導くということはありません。

ため息と涙

神があなたの祈りに介入し、あなたを助け、魂の飢え渇きを引き出されるとき、あなたができることはただ深いため息をつくことだけです。涙を流すこともあるでしょう。内にある飢え渇きを解放するもっとも一般的な方法が、泣くという行為です。涙が会話の媒体となります。たまには、涙が祈りのことばとなることがあります。神に触れられると、強そうに見える男性でも、幼児のように泣き始めることがあります。神は祈りを聞くだけでなく、涙をも見られるのです。

異言

「引き返して、わたしの民の君主ヒゼキヤに告げよ。あなたの父ダビデの神、主は、こう仰せられる。『わたしはあなたの祈りを聞いた。あなたの涙も見た。見よ。わたしはあなたをいやす。三日目には、あなたは主の宮に上る。(II列王記二〇・五)

異言を話す者は、人に話すのではなく、神に話すのです。というのは、だれも聞いていないのに、自分の霊で奥義を話すからです。(Iコリント一四・二)

捜し求める段階で祈るためにできることは、異言で祈ることです。頭の中に神に対して語ることが何もなくなったとき、異言で祈るなら、長い時間祈りを継続することができます。

異言で祈ることは、最も効果的な祈りの方法の一つです。第一に、悪魔が困惑します。異言で祈ると、悪魔はその意味を理解することができません。悪魔はその祈りに関わることができないのです。異言で語るとき、人がその意味を理解することができないだけでなく、すべての悪霊たちが排除されてしまうのです。神とその意味を解き明かされた人だけが異言を理解することができます。私たちは異言において神の不思議を語るのです。コリント人への手紙第一の一四章によれば、異なった種類の異言があることがわかります。私たちが知っている普通のことばに翻訳することができる異言があります。このような異言は、預言するときに用いられることがあります。ある異言は特定できる言語で語られますが、語っている本人はその言語を知らないという場合があります。このような異言は、使徒の働き二章にあるように、ペンテコステの日に起こりました。その日、世界中から異なることばを語る人々が集まっていましたが、ユダヤ人たちは弟子たちがそれぞれのことばで語っているのを聞きました。また、ユダヤ人たちは、聖霊を体験する以前の弟子たちがそのようなことばを語ることができなかったことも知っていました。

教会には霊の賜物が必要です。読者の中には、霊の賜物に対して懐疑的な方もおられるでしょう。しかし、霊の賜物なくしては何も始まらないときがあるのです。主の求めに応じて、異言は異なる目的のために用いられます。しかし、私たちが興味を持っているのは、祈りのことばとしての異言です。この賜物は、すべての信仰者に提供されており、神を捜し求め祈るときに効力を発揮します。

キリストを求める

ソロモン王は次のように記しています。

私を引き寄せてください。
私たちはあなたのあとから急いでまいります。
王は私を奥の間に連れて行かれました。
私たちはあなたによって楽しみ喜び、
あなたの愛をぶどう酒にまさってほめたたえ、

真心からあなたを愛しています。（雅歌一・四）

神を捜し求めるとは、神の優しい呼びかけに応答することです。私たちは、神の王宮に招かれています。神は私たちを秘密の場所へといざない、神殿の最も奥深い所へと私たちを案内してくださいます。

神よ。あなたは私の神。
私はあなたを切に求めます。
水のない、砂漠の衰え果てた地で、
私のたましいは、あなたに渇き、
私の身も、あなたを慕って気を失うばかりです。
私は、あなたの力と栄光を見るために、
こうして聖所で、あなたを仰ぎ見ています。（詩篇六三・一〜二）

自分の必要を神に満たしてもらおうと祈ることは、決して悪いことではありません。しかし、欲しいものを得ようとか、奇跡的に必要を満たしてもらおうとする思いを超えたとき、あなたは神を捜し求め始めるのです。あなたは神ご自身を知るようになります。また、あなたは神とともに歩み始めます。

この時点で、あなたは肉とこの世の欲とに死にます。今まであなたに興奮と生きる意味を与えていたものに対する興味を失います。あなたを満たす方は神だけです。キリストにある神の奥義を知りたいと願うようになります。イエスに触れる以外、あなたを満たすものは何もありません。

・解放されることを求めず、キリストを求めなさい――この方は解放者です。
・利益を求めず、キリストを求めなさい――この方はあなたの支援者です。
・権力を求めず、キリストを求めなさい――この方は力です。
・知恵を求めず、キリストを求めなさい――この方は知恵です。
・いやしを求めず、キリストを求めなさい――この方はいやし主です。

キリストに焦点を定め、キリストご自身を求めるなら、私たちの必要の多くは、すぐにでも満たされることでしょう。

なぜなら、わたしを見いだす者は、
いのちを見いだし、
主から恵みをいただくからだ。（箴言八・三五）

キリストを見いだすなら、あなたはすべてを見いだします。
捜しなさい。あなたは見いだします。父なる神とより親密な関係を築くことが大切です。聖書のどこを開いても、何か物を求めるようにと教えている箇所はありません。聖書は、神を捜し求めるよう教えています。それはより高いレベルの祈りです。すべての信仰者がこの次元に達する必要があります。なぜなら、それが神のみこころだからです。

第四章

第3段階の祈り

門をたたく祈り

第3段階の祈り

門をたたく祈り

どんな祈りでも、祈っていれば神を求めていることに変わりはないという人たちがいます。しかしそれは違います！　捜し求める祈りでは、祈りの焦点はキリストご自身にあります。ですから、この時点で主に賛美と礼拝をささげることは自然なことです。主に目を向けるとき、主をほめたたえ、主を愛し、主の御前にひれ伏すでしょう。この祈りの中心はイエス・キリストご自身なのです。

門をたたく段階における祈りは、三つの祈りの段階の最上階に位置する祈りです。この段階において、私たちは父なる神と、心と心の交わりを持ちます。この段階では、神に求めたり、神を捜したりすることはありません。私たちは、神がおられる神殿の一番奥深い所に入ることが許され、神ご自身がみこころを告げ知らせる場に立つのです。私たちは神と一つになり、神のパートナーとなります。

モーセの幕屋――祈りの旅

ブレークスルーを体験する祈りには、プロセスがあります。ただ祈ることから、魂を注ぎ出して祈る過程へと移行し、そして、霊によって祈るという祈りのクライマックスを迎えるのです。ただ求めるのでも、魂を注ぎ出して捜し求めるのでもありません。門をたたく祈りは、霊による祈りです。

シナイの荒野において建設されたモーセの幕屋は、三つの庭から成り立っていました。中庭と聖所と至聖所です。この三つの庭は、三段階の祈りに呼応しています。求める祈りは、中庭における祈りです。私たちは神のご臨在の前に立ってはいますが、そこは至聖所ではありません。私たちがこの祈りをささげても、神のご臨在を間近に感じることはありません。

捜し求める祈りにおいて、私たちは聖所に入ることが許されます。聖所には燭台があり、パンを置くテーブルがあります。

モーセの幕屋

memo

移動式神殿のことであり、「会見の天幕」とも呼ばれる。神にお会いすることができる特別な場所。モーセの指示に従いべツァレルが作成。

出エジプト記二五～三〇章には、幕屋の作成に関する指示が書かれている。

燭台は、神の啓示を象徴しています。捜し求める段階において、私たちは神について深い洞察力を得ます。私たちはこの段階で、神を真剣に求め始め、至聖所に入りたいという願いが強められます。私たちはたゆみなく祈り続けなければなりません。

聖所と至聖所の間をさえぎる幕を通り抜けたとき、私たちは神の御顔を見ることができるのです。これこそが至聖所における祈りであり、門をたたく段階の祈りなのです。

私たちは、神のご臨在に触れるという機会が与えられています。ですから、たとえそれが聖所であっても、至聖所の外側で祈ることに満足してとどまってはいけません。私たちは、神と顔を合わせて祈ることができるようになるまで、祈ることに疲れてはなりません。

memo

三つの庭

礼拝者は幕屋のとばりをくぐって中庭に入り、聖所から至聖所へと進む。

中庭：祭司が手足を洗う洗盤と石の祭壇が置かれ、民がささげた動物のいけにえを焼く所。

聖所：中庭の中心部に配置され、祭司だけが入れる所。

至聖所：幕屋の一番奥の部屋で、大祭司のみが年に一度、贖罪日に入ることが許されていた。アカシア材に布をかけ、外界と仕切られていた。神の臨在を象徴する契約の箱が安置され、香の祭壇があり、契約の箱を直接見ることがないように煙で満たしていた。

聖霊によって

捜し求める祈りの段階において、聖霊は私たちの心の思いを探り、それを祈りとして表そうとされますが、門をたたく段階に進むにつれ、御霊の働きがさらに強まっていきます。祈りがより深いものに変えられていきます。聖霊は私たちの霊と一緒になってあかししてくださいます（ローマ八・一六）。聖霊が人の霊と一つになり、私たちの祈りを助けてくださるだけではなく、聖霊ご自身が私たちを通して神に祈り始めるのです。私たちは聖霊に飲み込まれてしまいます。御霊は、私たちを通してとりなしの祈りを始められるのです。

聖霊は、とりなしの働きをするために私たちを必要としています。祈りにおける聖霊の働きの本質が、ローマ人への手紙八章二六節から二七節で述べられています。

御霊も同じようにして、弱い私たちを助けてくださいます。私たちは、どのように祈ったらよいかわからないのですが、御霊ご自身が、言いようもない深いうめきによって、私たちのためにとりなしてくださいます。人間の心を探り窮める方は、御霊の思いが何かをよく知っておられます。なぜなら、御霊は、神のみこころに従って、聖徒のためにとりなしをしてくださるからです。

真のとりなしの祈り

私たちが御霊によって祈るとき、神の思いを感じるようになります。私たちは聖霊の油注ぎを受け、神が見るように物事を判断し、神が人々に対して持っておられる思いを自分のものとします。そして、人々の代わりに、神を呼び求めるのです。

・父なる神は、私たちの思いを通して考えることを望まれます。
・父なる神は、私たちの心を通して感じることを望まれます。
・父なる神は、私たちの口を通して語ることを望まれます。
・父なる神は、私たちの涙をご自分のものとされることを望まれます。
・父なる神は、私たちの霊を通してうめくことを望まれます。

求める段階の祈りでは、とりなしの祈りをささげることはできません。この段階では、自分の必要と環境に対する祈りが祈りの中心となります。捜し求める段階の祈りにおいて、神に対する飢え渇きが満たされるよう、神を捜し求めます。この段階でもとりなしの祈りをささげることはできますが、その祈り自体がすべてとりなしの祈りとなることはありません。しかし、門をたたく段階における祈りでは、神が抱いておられる思いに注意を払うようになります。あなたを超えたところにいる人々に対して、手を差し伸べようとします。

祈りの最終段階に達したとき、あなたは神のご臨在に触れ、そして、あなたの周りにいる人々の必要に対して無関心ではいられなくなります。神と親密さを増すことによって、とりなしの祈りへと導かれていくのです。真のとりなしの祈りは、人が始めることができるものではありません。人は自己中心的ですから、自分でどんなに頑張ったとしても、他人に対する重荷を持つことはできません。これが、クリスチャンがとりなしの祈りをしない大きな理由です。神のご臨在の前に立つことなくして、どうしてクリスチャンが、神のみこころを自分のものとし、他の人々のためにとりなしの祈りをささげることができるでしょうか。だれでもとりなし手となるためには、神の前に十分な時間を取る必要がありますし、神のご臨在の前に継続的に立たなければならないのです。

語る神

求める祈りでは人が神に語ります。捜し求める祈りでは、魂の飢え渇きを満たそうと神を叫び求めます。しかし門をたたく祈りにおいては、神が人に語りかけ、神との親密な交わりが始まります。

神が直接、人に語ることはないと思っておられる方もいるかもしれません。しかし、私の個人的な体験と聖書の教えから、私は今でも神様が直接私たちに語りかけてくださることを確信しています。神のことばは、神が変わることのない方であることを教えています。神は、昨日も今日もいつまでも変わることなく同じお方です（ヘブル一三・八）。もし、神が過去において語ったとしたら、そして、神が変わることのないお方だとするなら、神は今も語ることができるはずです。神は語らないと思うとすれば、それは神がお語りになる場所をまだ発見していないのです。

私たちの神は、語ることができない偶像ではありません。彫られた仏像でもありません。神は生きておられるお方です。神のご臨在に近づくなら、私たちは語りかけてくださる神と出会い、神の栄光を見ることでしょう。

神が語らなければ、何をしてもうまくいかないときがあります。私がある集会に参加したとき、ブレークスルーが起こらないことがありました。何かが私たちの伝道を妨害していたのです。私たちはいつもしているように、一、二時間ほど伝道のために祈ったのですが、霊的な戦況はかんばしくありませんでした。私たちが霊的に前進するためには、神から聞く必要がありました。私たちは神を捜し求めるため、八時間ほど祈りに専念し、神を求めました。そして、とうとうブレークスルーを体験したのです。私たちのメンバーの一人が幻をいただき、私たちの伝道を妨害する問題が明確にされました。その問題を解決した後、本当にすばらしい集会を持つことができたのです。

長い時間とどまる

神が語られるまで、神のご臨在の下にとどまることは大切なことです。霊によって祈れるようになるまで、私たちは祈り続けなければなりません。私たちが肉によって歩んでいるなら、神は私たちに語ることはありません。

ある子どもが父親のところへ行き、何か物をねだったとします。しかしお父さんが応答する前に、子どもがその場を去ってしまったとしたらどうでしょう。私たちはあまりにも忙し過ぎるのです。多くの信仰者が、自分の都合に合わせて神に祈ろうとしています。

神をあなたの予定の中に組み込むことはできません。あなたは神の求めに従って、自分の予定を調整しなければなりません。あなたは神に出会う時間をコントロールすることはできません。神ご自身がその時間をご存じです。あるときはすぐに神を見いだすでしょう。またあるときは、数日間、数週間という時間をかける必要があります。

モーセは山に登り、四〇日間をそこで過ごしました。神は四〇日間という時間を山で過ごすよう、モーセに具体的に指示を与えたわけではありませんが、モーセが神に出会い、神の声を聞くためには、ある一定期間を山の上で過ごす必要がありました。モーセは神の予定表に従ったのです。

祈りにおいてブレークスルーを体験するためには、あなたは時間に縛られていてはいけません。時間に縛られるような祈りは、窓の外に捨ててしまいましょう。神が求められるままに、神のご臨在の下にとどまりましょう。前にも述べたことですが、神の御前に長くとどまるなら、あなたは神に近づいていくでしょう。あなたの霊的地盤はより強化されるでしょう。あなたが神に近づくなら、神を求める飢え渇きは一層強くなっていくことでしょう。

神の声を聞くまで待つことのできない人が取る行動があります。数分間の祈りの後で、彼らは目を閉じ、適当に聖書を開いて自分の指をその開いたページに差し込むのです。その箇所に記されていることが、あたかも神から与えられた約束であるかのように聖書を読むのです。こんな無茶苦茶な読み方があるでしょうか。くだらない占いと同じです。呪術師の方がまだましです。霊的な飢え渇きもなく聖書を開くのはむなしいものです。

本当の神の声を聞くために、私たちは祈りにとどまることを学ぶべきです。神が語り、みことばを全世界に宣べ伝えたいという確信を持てる場所に、あなたは到達することができます。神が語っていることに耳を傾けてください。あなたは神から聞いたことを知っています。また、あなたが語っていることが実現することも知っています。しかしあなたが、ただ自分の思いで預言しているなら、あなたのことばは実現しません。人々は、あなたが自分の思いを語っているだけで、神から出たことばではなく、偽りを語っていることに気付くでしょう。

神を吸い込む

門をたたく段階の祈りは本当にすばらしい祈りです。この世の輝きと魅力はすべて失われ、神の栄光を体験したあなたは完全に変えられた人となります。出エジプト記三三章七節から二三節に、モーセが民の代表として神の御顔を求めたことが記されています。神を求める中で、モーセは神の栄光を体験したいという思いが強くなり、「あなたの栄光を見せてください」と神に願いました。神はモーセの願いを聞き入れ、主の栄光が岩の裂け目に隠れたモーセを通り過ぎました。モーセは神の栄光を見たのです。

モーセは新しく生まれ変わりました。シナイ山から降りてきたモーセの顔は神の栄光で輝いていました。モーセは主と語り、「主はモーセと顔を合わせて語られた」のです。

至聖所で神に出会うとき、神はあなたをご自身の栄光で包むでしょう。あなたは自分自身を吐き出し、神を吸い込むのです。

充実感

顔と顔を合わせるようにして神に出会うなら、私たちが求めているすべての必要は、豊かに満たされることでしょう。神と出会うとき、人は満たされます。空虚な思いは満たされます。生まれ変わったクリスチャンですら、物質的なことで心を満たそうとしますが、物質は彼らのむなしさを埋めることはできません。神の圧倒的なご臨在だけが、人からむなしさを取り除くことができます。神に満たされればすべて良しなのです。神はいつも内側から働かれます。私たちは内側が満たされなければ、充実した人生を送ることはできないのです。

静けさ

門をたたく段階における祈りは、人の霊が御霊に語りかける祈りです。聖霊との交わりはあまりにも深く、ことばで言い表したりすることはできません。静けさだけがそこにあります。静けさの中に涙を流すことがあります。目には見ることのできない人の霊が、目に見ることのできない神の霊と交わり、親密な関係へと導かれます。心のこもらないことばだけの叫びより、ことばのない心の叫びの方がどんなにかすばらしいことでしょう。

至聖所には静けさがあります。神がそこにおられるのです。神が支配される場所です。一年に一度だけ至聖所に入ることが許される大祭司でさえ、そこで語ることはできません。

モーセは神に出会うため、シナイ山に登りました。神の栄光がモーセのそばを通り過ぎたとき、モーセはことばを語る必要がなくなってしまいました。神を目撃したモーセは、神に問いかける必要がなくなってしまったのです。彼はすべてを理解したのです。神が語るとき、あなたもそうなるのです。神が語る一言が、あなたの人生を全く変えてしまいます。あなたは、その語られたことばを一生の間忘れることがないでしょう。神の声は人の声とは違います。ですから神が語ることばを一度でも聞いたなら、あなたは神の声を聞くために、神とより親密な関係を築くようになるでしょう。

神が求めておられる交わり

人は神と交わるよう創造されました。人は神のご臨在の前に永遠に住むように造られました。聖書は、神も人と関係を持つことを願っておられると教えています。神は生きた霊です（ヨハネ四・二四）。神は礼拝者を求めておられます。神は、神と交わりを持とうとする人々を切に求めておられるのです。アダムとエバが神に対して罪を犯し、神のご臨在の前から身を隠したとき、神は彼らを訪ね求められました。「あなたはどこにいるのか」。神はそれ以来、私たちを求め、私たちと親しく交わることを求めておられるのです。

人は神と交わることを求め、神も人と交わりを持つことを求めておられるのですが、この交わりが成立するためには、祈らなければなりません。そのためには肉の欲を取り去り、自分の思いから解放され、神がご自身を現される場所に到達しなければならないのです。不可能ではありません。必ず到達できます。私たちは神を必要としているのですから、神を求め続けなければなりません。

第五章

力強い祈りを妨げるもの

第五章

力強い祈りを妨げるもの

祈りには敵がつきものです。祈りの敵は、信仰者たちが祈りによって神に近づくのを妨げようとするだけでなく、祈ることすらできないようにします。多くの信仰者たちは、神と交わりたいという霊的な願望を持っています。しかし、それができずに苦しんでいることも事実です。信仰者の敵が働いている証拠です。この章において、敵の策略を明確にし、どのように対処していったらよいのかをお教えしましょう。

祈りを妨げるもの（1）　義の欠乏

…義人の祈りは働くと、大きな力があります。（ヤコブ五・一六）

神の前に正しい心を持つなら、力強い祈りが生まれることでしょう。祈りに専念する人は、神の前にきよく偽りのない心を持つ必要があります。神との関係に罪があってはなりません。

もしも私の心にいだく不義があるなら、
主は聞き入れてくださらない。（詩篇六六・一八）

罪は私たちの祈りを妨げます。イザヤ書五九章二節は、罪が人を神から切り離すことを教えています。もしそれが真実だとするなら、罪を犯したままで、祈りのブレークスルーを体験することはできません。祈る前に、私たちは罪によって神から切り離されてしまっているのです。詩篇三四篇一五節から一六節のみことばに耳を傾けてください。

主の目は正しい者に向き、
その耳は彼らの叫びに傾けられる。
主の御顔は悪をなす者からそむけられ、
彼らの記憶を地から消される。

神の御前における心のきよさと正しさとは、力強い祈りを支えるものであることを覚えましょう。

祈りを妨げるもの（2）　初めの愛の喪失

また、主に従うことをやめ、主を尋ね求めず、
主を求めない者どもを断ち滅ぼす。（ゼパニヤ一・六）

主だけを愛し、主に対して心から従おうとする思いを失ったとき、祈りから力が失われます。これが、力強い祈りを妨げる二番目の原因です。

人が初めて主に出会ったとき、「初めの愛」（黙示録二・四、訳者挿入）と呼ばれる愛を、主に対して抱きます。神に対して全身全霊をもって従いたいという情熱が生まれます。人々の魂を主のために勝ち取り、聖霊によって満たされ、すべての集会に出席し、いつも聖書を読み、その意味を考え、聖書漬けになるほどの情熱です。神を敬わない人々と付き合うことをやめま

す。このような多くの変化が起こるのです。ところが信仰の先輩たちは、彼らが持っている情熱が一時的なものであると教え、次第に信仰の炎を消していくのです。信仰の先輩たちは、自分も一時は情熱を持って主に仕えていたけれど、今は頭を冷やして、もう少し「まとも」なクリスチャンになっていることを若い信仰者たちに諭し、教えます。そんなことをしている間に、若い信仰者たちも信仰の情熱が冷め、「初めの愛」を失ってしまうのです。情熱のない信仰生活。祈りが欠落した信仰生活。生ぬるい信仰生活が始まるのです。

神への情熱は新しい信仰者だけに与えられるものだという態度は、信仰者から祈りを取り上げるようなものです。そのような態度は、私たちを世と妥協させるでしょう。不信心な者たちの生き方となんら変わりのないライフスタイルへと、私たちを引き戻すことになるでしょう。古いライフスタイルに戻るならば、力強い祈りをささげることはできません。この二つは相いれないものなのです。

最善の環境

力強い祈りをささげるために、私たちは生活環境を整える必要があります。わが家では、神を汚すようなテレビ・ラジオ番組に耳を傾けることがないようにしています。神のご臨在によって、家庭が満たされる必要があるからです。悪魔に取り付かれたような音楽が大きな音でスピーカーから流れていたとしたら、また悪魔的な映像がテレビから流れてきたとしたら、神のご臨在を期待できるでしょうか。

もし、あなたがゴシップ雑誌やポルノ雑誌などを読んでいるなら、神と親密な関係を築くことはできません。汚れたことばでチャットをしながら、イエス様に対する愛を継続することはできません。

私たちは、主に対して慣れ慣れしくなってはいけません。クリスチャンであることに慣れ過ぎてしまって、クリスチャンらしさを失ってしまう人が多くいます。初めの愛から離れ、古いライフスタイルに戻ってしまったら、キリストのいのちが失われ、自分の力や肉の力によって生きることになります。

初めの愛を失うかどうかはあなた次第です。どのような環境に身を置くかによって、神に対する愛が増えもすれば、反対に失われてしまうこともあります。もし、初めの愛から離れてしまっているなら、今すぐ悔い改め、神とともに歩む生活に立ち

memo

チャット

インターネットを通じてリアルタイムに文字での会話を行うシステム。一対一で行うものや、同時に多数参加して行うものがある。

返ってください。初めの愛を回復することができるよう、神に求めてください。

しかし、あなたには非難すべきことがある。あなたは初めの愛から離れてしまった。それで、あなたは、どこから落ちたかを思い出し、悔い改めて、初めの行いをしなさい。もしそうでなく、悔い改めることをしないならば、わたしは、あなたのところに行って、あなたの燭台をその置かれた所から取りはずしてしまおう。

（黙示録二・四〜五）

祈りを妨げるもの（3） 神に対する畏れの喪失

ところが、あなたは信仰を捨て、
神に祈ることをやめている。（ヨブ一五・四）

神を畏れることによって、健全な祈りの生活を継続することができます。神に対する畏れを失ったとき、祈りが止まってしまいます。

畏れていない神を本気で求めることができるでしょうか。神に対する畏怖の念がなければ、信仰を持たないのと同じです。未信者は祈りません。神に対する畏れがなくなると、祈ることもなくなります。

神に対する健全な畏れをはぐくみましょう。神が与えてくださるものを当たり前だと思わないでください。あなたが神をどう受け止めているかが信仰の生死を決定します。神をどう受け止めたらよいのか、よく考えてください。

祈りを妨げるもの（4）　神を喜ばないこと

彼は全能者を彼の喜びとするだろうか。どんな時にも神を呼ぶだろうか。

（ヨブ二七・一〇）

神を喜ぶとは、どんな状況にあっても神をほめたたえ、礼拝することです。神を喜ぶことを習慣とする人は、必ず神に呼びかけます。どんな状況においても神を賛美する思いを持たなければ、力強い祈りをささげることはできません。

祈りを妨げるもの（5）　神を重荷とすること

しかし、ヤコブよ、あなたはわたしを呼ばず
イスラエルよ、あなたはわたしを重荷とした。（イザヤ四三・二二、新共同訳）

長い間祈り続けても結果が得られないと、神は自分の祈りにこたえてくださらないと思い込んでしまうことがあります。神がこたえられないので、自分の国のために祈るのをやめてしまった信仰者がいます。神が私たちのことを忘れ去ることは決してありません。祈ることを重荷だと考えてはいけません。どんなに長い時間がかかっても、どんなにひどい状況であったとしても祈り続けましょう。神は、私たちが祈った分だけその祈りにこたえてくださいます。私たちはむなしい祈りをささげているのではありません。

ハンナの祈り

ハンナの話は、決してあきらめず、忍耐強く祈ることを教えています（第一サムエル一章）。ハンナは子どもに恵まれませんでした。夫の愛もハンナを満たすことはできませんでした。神殿を訪れるごとに、ハンナは子どもが与えられるよう神に祈りました。彼女は、決して祈ることをあきらめませんでした。祈っているハンナを見た祭司エリは、彼女が酒に酔っていると勘違いしました。もし今日の教会で、牧師がそんな勘違いをしたら大変なことになります。「聖霊に満たされていない」とか、「油注がれていない」とか言われかねません。しかしハンナは謙遜になり、祭司エリの霊的な権威を敬いました。そして、酒には酔っておらず、ただ主の前に心を注ぎ出していたことを説明しました。ハンナは子どもが与えられるよう祈っていたのです。そのことを知った祭司エリは彼女のために祈り、ハンナは奇跡的に身ごもったのです。

悪魔は、いろいろな理由を付けて、あなたを祈りから遠ざけようとします。あきらめないでください。敵の言うことに耳を貸さないようにしてください。何か起こるまで祈り続けてください。

主イエスの祈り

ゲツセマネの園で祈りをささげた主はどうだったでしょうか。一緒にいたペテロ、ヤコブ、ヨハネは、主が置かれている立場を理解することができませんでした。主が彼らを必要としているときに、弟子たちは主とともに祈ることができず、眠ってしまったのです。二度にわたって、主は弟子たちを起こし、目を覚まして祈るよう願いました。しかし、弟子たちはたったの一時間ですら、主とともに起きていることができなかったのです。（余談になりますが、このことから、信仰者なら祈りに専念するため、最低一時間ぐらいの時間を費やすべきであることがわかります。）

同労者たちから支援を受けることができないにもかかわらず、主は祈り続けました。叫びと涙を持って、彼を死から救うことのできる唯一のお方に心を注ぎ出したのです。主は汗が血のように滴るまで祈り続けました。御使いが主のそばに来て、主を励ましました。主は祈り続けたので、とうとうブレークスルーを体験したのです。戦いに勝利しました。敵は破れ、何者も主を打ちのめすことはできませんでした。主は、祈り続けたのです。

祈りを妨げるもの（6）　倦怠感と肉体疲労

ある時期、祈ることがつまらないと感じるのは私だけかと思ったことがあります。そんなとき、韓国の偉大な牧師であるダビデ・チョー・ヨンギ師の書かれた本を読む機会がありました。著書の中で、チョー師ですらいつも祈っていたいと思うわけではないと書かれていました。どんなに霊的でたくさん祈っている人でも、時にはそういう気持ちになるものです。使徒パウロですら、祈ることに疲れてしまったことがあります。ローマ人への手紙八章二六節には、御霊が弱い私たちを助けてくださるとあります。パウロは、「私たち」ということばを使いました。もちろん、そのことばの中には、パウロ自身も含まれていると考えるべきです。

朝起きたとき、祈りのことばが一言も口から出て来ないときもあるでしょう。霊的に渇き切って、疲れを感じているような。だからといって、その日の祈りをあきらめないでください。私たちがどう感じようと祈るべきです。気分の乗ったときだけ祈るとしたら、「絶えず祈りなさい」という命令に従うことができるでしょうか。

ベッドから起きて祈る気持ちになるまで待っていたら、いつまでたっても祈ることはできないでしょう。「ベッドの中で祈れ」という悪魔の声に耳を傾けないでください。起きなければ再び眠りに引き込まれていくでしょう。起き上がり、いすかマットの上に座ってください。体を起こすために何かしてください。ゆっくりと祈り始めてください。何のことばも口から出てこないようであれば、異言で祈ってください。あなたが聖霊に満たされているのであれば、異言の賜物も与えられています。祈りを継続していくうちに、力がわき上がってくるのを感じるでしょう。

祈りは、車のエンジンのようなものです。まずエンジンをかけ、アイドリングをしながら、温まるのを待ちます。その後で車を発車すると、スムーズに発進できます。私たちの肉の思いは祈りを妨げます。しかし、祈らなければなりません。もしあなたが祈りの人になるなら、霊の流れを感じるのに待つ時間が短くなるでしょう。三〇分で感じるようになるかもしれません。数分間、待つだけになるかもしれません。祈ったらすぐに、その流れに触れるようになるかもしれません。

最近、海外宣教旅行に出かけました。イギリス、フランス、そしてブラジルで祈祷会を行いました。帰国したとき、疲労から休暇を取る必要を感じました。祈ることも休もうと思いました。その晩、真夜中に、私の妻はいつものように起き上がり、祈り始めたのです。私は妻の祈る声を聞いてはいたのですが、あまりにも疲れていたので一緒に祈ることができませんでした。そのとき突然、聖霊が私に向かって、起きて祈るように命

memo
アイドリング
駐停車中にエンジンをかけっぱなしにすること。

じるのを感じました。疲れていたにもかかわらず、私は聖霊の導きに従いました。妻と私は、共に祈ることによってすばらしいひとときを分かち合うことができました。

体が疲れているとき、激しく戦う必要があります。神の国は力によって取り戻されます。疲れているとき、あなたの体は睡眠を必要としているでしょう。確かにその通りです。しかし、あなたは神のご臨在をもっと必要としています。それが祈りなのです！

共に祈ることの必要性

しばらく前のことになりますが、ジョン・ムリンデ牧師と、ブレークスルーの祈りについてよく語り合いました。その当時、勝利の段階における祈りをどう呼んだらよいのかわからず、後になって「ブレークスルー」という呼び名があることを知りました。私たちは、ブレークスルーの祈りを教え始めました。三カ月もすると、いろいろな証しを聞くようになりました。祈りのリーダーがブレークスルーを経験し、すぐに教会に広まったこと。祈祷会において、勝利の声、嘆き、うめきが聞かれるようになったこと。今日に至っても、それは変わっていません。

共に手をつないで

教会で一緒に祈るとき、私たちは手をつないで祈るようにしています。簡単なことですが、まだ祈りの至聖所を体験したことのない人にとって、とても役に立つ方法です。手をつなぐことによって、油注ぎがすべての人に行き渡るのです。すべての重荷を打ち砕くのは油注ぎなのです。

個人的な祈りが祈りの生活のはかりだとするなら、ほかの信仰者とともに祈る祈りは、聖所の外側で祈っている信仰者たちをその内側へ引き入れる有効な方法だと言えるでしょう。ただ、ほかの信仰者と一緒に祈ることが効果的だからといって、一人で祈ることを忘れてはいけません。一人で祈るとき、あなたの祈りに対する姿勢が表れます。しかし信仰者とともに祈れば、疲れを乗り越えることが容易になります。そして、共に受ける油注ぎがあなたを励ますでしょう。

毎年、世界中から多くの人々が、神を求めてアフリカ・キャンプ集会に集まってきます。参加者の多くは、キャンプ集会を通して新しい霊の領域へと進んで行きます。キャンプ集会に参加することによって、普段生活している場所から離れ、よりはっきりとした目的を持つことができます。参加者たちが日常生活を忘れ、神に出会うことに焦点を合わせることができるような雰囲気が、このキャンプ集会にはあります。

大切なことは、疲れと倦怠感から抜け出すためにできることがあれば、何でもする必要があるということです。何もしないで、祈ることに喜びを感じないと嘆いていてはいけません。何かをすべきです。祈りの山に出かけてみてはどうでしょうか。とにかく何か始めてください。

終章

私の体験したリバイバル

終章

私の体験したリバイバル

私たちが神様からのメッセージに耳を傾けず、祈らずにいたとき、多大な被害を国々にもたらしたエボラ・ウィルスが、私たちの国の北部を襲いました。この非常に激しい伝染性を持つ病は、多くの人々と家族の命を奪ったのです。そこでウガンダのすべての教会は、この伝染病が速やかに止むように、神のあわれみを求め続けました。エボラに感染した人は速やかに隔離され、再び家族の下に戻ってくることはありませんでした。それは疫病であり、苦しみに満ちていました。医療関係者の方々もエボラによって命を失いました。また、キリスト教系の病院で働き続けた人々の命をも奪い、多くの犠牲者を出しました。それはあたかも死がうろついているようでしたし、他の地方に住む人々は、北部地方に住む兄弟姉妹の命が奪われていくさまを何もすることができず、痛みの中で見守るしかありませんでした。私たちは黙っていることができず、神のあわれみを求めて泣き崩れました。これが、神のみこころを求めない国家が体験した痛みの代価でした。

　主はムリンデ師の心に語られました。

「私はウガンダを見渡した。まだ支度が整っていないのを見た。ある者は私を求めたが、彼らの動機は純粋ではなかった。彼らは私が求めたことをせず、かえって私を操ろうとした。私の計画は、この国をとらえ、新しい民を起こすことだ。私は彼らを私のメッセンジャーとして国々へ送り出し、行く所どこにおいても、彼らが神に召されて送られた者たちであることを人々が知るようになることだ。第二歴代誌七章一四節のことばに耳を傾けなさい」

　わたしの名を呼び求めているわたしの民がみずからへりくだり、祈りをささげ、わたしの顔を慕い求め、その悪い道から立ち返るなら、わたしが親しく天から聞いて、

Column

エボラ・ウィルス

　感染者の体外に出ても二四時間近く生きているウィルス。エボラ出血熱が引き起こされる。通常七日間の潜伏期間があり、発症すると高熱、筋肉痛、嘔吐、下痢などの症状が出て、最終的には体中の穴という穴から血を流して死亡する。死亡率五〇～九〇パーセント。東アフリカの山岳地帯（ウガンダのエルゴン山）はエボラ・ウィルスの発生の地ではないかと言われている。エボラの名称は旧ザイール河川の名に由来。エボラ・ウィルスの保有動物は不明。人間同士の感染は容易に起こるが、感染原因は不明。現在のところ有効なワクチンは無し。

彼らの罪を赦し、彼らの地をいやそう。

私たちはもう一度、自分の信仰のあり方について吟味しました。いったい誰が、イエス様と共に神の働きをするため、その破れ口に立つのかと。すべてのキリストのからだにもたらされる聖霊によるリバイバルのために、何人の者が喜んで代価を払うのだろうか。

神の子どもとして、私たち一人ひとりは種です。私たちは、祈る民としての種であり、イエス・キリストと共に国を見守る見張りです。私たちは家庭において祈りのグループを開始しました。家族で一緒に座り、神のことばを語り、子どもたちにみことばと主の約束を教え始めました。神にあわれみを求めて叫ぶことも教えました。聖霊がリバイバルを起こし、この国を聖霊の火によって燃え立たせ、教会を生き返らせ、各家庭を訪れるように。ビジョンを持って進み、世の楽しみから身を避け、神の目的の成就のために進むように。

主はさらに語られました。「子どもたちを集めなさい。神を呼び求めることを教え、あわれみを請うことを教えなさい。ウガンダのために祈るだけでなく、世界中の国々のために祈るよう導きなさい。彼らは神を恐れ、私の力が教会だけでなく各家庭を訪れるであろう。聖霊があなたがたを造り変える。人々の心に、共同体に、そして家庭に祈りの輪を広げなさい。私を求めよ。私はあなたがたに聖霊の火を送り、絶え間なく祈りの力を増すだろう」
「(私は)子どもたちの口に賛美を授ける。彼らはへりくだっているので私のことばを語る時が来る」

子どもたちは神をたたえ、遊んでいます。家庭で礼拝をささげているとき、子どもたちが神に語りかける姿を見て大人たちは驚いています。子どもたちの純粋な祈りが大人たちの心を動かしています。子どもたちの神を愛する思いは純粋で本物です。テレビのニュースを見た後などで、子どもたちは国のために祈ることを決して忘れません。静けさが包む夜は、祈りの甘い香りを放つ機会です。隣に住む人が、主の御名を呼び求めているのに、ベッドに寝たままでいることができるでしょうか。聖霊に促され、子どもに罪の告白をし、赦しを請うまで、不適切なしつけを子どもに強要した親の心から平安が失われます。このような出来事を通して、子どもたちは親の弱さを知り、親から学ぼうとします。

教会が祈りの力を知ったとき、同じような飢え渇きがこの地にも起こります。祈りの御霊が人々の心と家庭を覆うとき、同じ祈りの御霊が他の場所にも光を照らします。祈りの場が、教会に、共同体に、職場に、学校に、大学や高等教育機関などに開かれます。朝早くでしょうか、それとも昼食の時間でしょうか、それとも夕拝の時でしょうか、首都カンパラをはじめ、国全体に祈りの場が広がります。人々は一緒になって、生ける神の御名を呼び求めるのです。

職場において、早朝と昼食時に祈り会が持たれ、（人々は）主の御名を呼び求ます。唯一の真実なる神への渇きがそこにはあります。その結果、政府機関のすべての地位が、神の子どもたちによって占められます。多くの政府の役人たちがキリストに立ち返り、キリスト・イエスにある信仰者は一つとなります。その中には、議員たちがおり、ウガンダ銀行の職員がおり、労働組合員や弁護士などが含まれます。

その例として、神の働きがウガンダの税務局にあったことを記しておきましょう。

ウガンダ税務局の職員数人がクリスチャンでした。彼らは祈りながら仕事に当たっていましたが、目立った活動はしていませんでした。一九九八年に、この小さな祈りのグループはブレークスルーを体験しました。組織の副局長がその交わりに参加し始めたのです。祈り会は、副局長のオフィスで持たれるようになり、彼らの意見が取り上げられるようになりました。しかし、当時の局長は信仰者ではなかったので、この祈りのグループの活動を制限しました。場所を変えた祈りのグループは、個人的に祈り、またウガンダ税務局を支配していたもろもろの霊と戦うために祈りました。それは静かな祈りでした。ウガンダ税務局は五つの課に分かれていましたが、それぞれに祈りの場を設け、また、地方局のためにも祈り場を設け、信仰者が毎週のように集まって祈りました。

彼らの祈りはブレークスルーをもたらしました。ウガンダのヨウエリ・カグタ・ムセベニ大統領は、ウガンダ税務局の職員は信仰者でなければならないと布告しました。関税局のもとにある税務保護局に信仰者が雇用されました。いろいろ戦いがありましたが、彼らは、良い成績を上げました。

あるとき、一人の白人の女性がウガンダ税務局の最高責任者として任命されました。大統領は、彼女が腐敗を排除し、税務局を本来のあるべき姿に引き戻してくれるだろうと期待しました。しかし、彼女は以前の責任者よりも悪く、外国の企業から賄賂を受け取っていました。信仰者たちは祈り続けました。リ

memo

ヨウエリ・カグタ・ムセベニ大統領　Yoweri kaguta Museveni

国防相の中将だったが、一九八六年一月にクーデターで政権を奪い、国民抵抗運動（NRM）の議長として大統領就任。同年三月にはNRMはウガンダのほぼ全域に政権を確立した。ウガンダ最長の政権になる。任期は二〇一一年まで。

トリートを持ったり、仕事での体験を分かち合ったり、互いを励まし合ったりして祈りました。二〇〇三年になると、税務局の戦いはクライマックスを迎えました。白人の局長は、他の二人の高官と手を組みました。彼ら三人は、キリストを信じている関税局長と意見が対立しました。そして、税務局に代わる特別税務保護局が組織されました。税務局の最高責任者が、信仰者を組織から排除するために行ったことでした。しかし、関税局長は、信仰者を排除することに反対し、関税局内にある税務保護局に信仰者を雇用していきました。信仰者は国境地域で雇われましたが、白人の局長のゆえに、未信者との摩擦が絶えませんでした。実際のところ、二人の政府高官がウガンダ税務局を運営していたのです。

しかし、信仰者たちは祈ることをあきらめず、祈りのグループから八人の者たちが起こされ、ウガンダ税務局内における問題のために祈ることになりました。もちろん、他の信仰者によるとりなしの祈りの援助を受けていました。彼らは一週間に一度集まって祈りました。三十以上ある税務局の支局すべてに、祈りのグループが生まれるようにと祈り続けました。

二〇〇四年七月になると、白人の女性の契約が満了しました。白人の女性は大統領に気に入られていたので、多くの者たちは大統領が契約を更新すると考えていましたが、契約を更新することはしませんでした。そのとき、信仰者たちはまるで夢を見ているような気持ちになりました。神が約束されたことが現実のものとなったのです。白人の女性は非常に感情的になりました。

問題は、誰が次期最高責任者になるのか。関税局の局長はすばらしい信仰を持った人でしたが、ある一人の女性に目を留めました。しかし、彼女はウガンダという国に嫌気がさしていましたので、責任者になりたいという思いはありませんでした。しかし、神が彼女に語られたのです。主は、聖めの火としてのメッセンジャーを送ると、ある祈りのグループに語りました。この女性が正式に最高責任者の地位に推薦されました。税務局長はこの女性についての履歴を提出するよう求められました。しかし、面接官の主だった人は、その信仰のゆえにこの女性に好意的ではありませんでした。そこで彼女が選ばれないよう、面接の内容や、彼女が提出した書類を改ざんしたのです。

そのような状態が続く中で、祈りの戦士たちは祈り続けました。神は眠ることもまどろむこともされません。面接官たちには知られていなかったのですが、すばらしい信仰を持ったある女性が真実を記していました。審査が終わり、彼女の評価も含め、面接に携わった人全部の評価が提出されました。この地位に信仰者が就くことを拒んだにもかかわらず、彼女は局長の地位に就いたのです。神が約束してくださった通りです。

二〇〇四年一一月、新最高責任者が生まれると、神が語られた聖めの火が彼女自身であることがわかりました。彼女は、ウガンダ税務局理事会の反対を予想していましたが、組織を一新するよう神に導かれていました。新しい税務局を作り、腐敗した役人やスタッフを一掃するのが彼女の目的でした。理事会は彼女の計画を受け入れました。すべての職員が、ウガンダ税務局に新たに求職しなければならなくなりました。

間違った人がこの地位に就くことがないよう、祈りは継続されました。彼らはさまざまな場所で祈りました。多くの者が仕事を失いました。若く純粋な信仰者が昇進し、信仰者たちが新しくウガンダ税務局に就職しました。

現在、ウガンダ税務局では、聖霊に満たされた信仰深い五人の局長が働いています。彼らの語ることばは、いつも「Praise God」と「God bless you」です。ウガンダ税務局では祈ることなしに物事を進めることはありません。職員になるための資格は、救われていること、誠実であること、そして、論文を終えていることです。信仰者はウガンダ税務局のすべての課に配属されています。ウガンダ税務局はチームとして、脱税する大金持ちたちの非常に難しい問題に取り組みました。

彼女が最高責任者に就任して以来、ウガンダ税務局は脱税によって失っていた九億ウガンダシリングを回収しました。
すべての栄光は、この組織にブレークスルーをもたらした神にあります。
・ウガンダ税務局には信仰者だけが職務に就くことができると宣言した大統領
・白人の最高責任者の契約が満了した後、臨時最高責任者として仕事をしていた人物が税金をごまかし、失職しました。
・腐敗したすべての局長、局長代理、副局長、そして、他の役人たちが仕事を失いました。
ウガンダ税務局にすばらしい祝福をもたらした神は、世界中のすべての職場ですばらしいわざをすることができます。それは、すべての人がひざをかがめ、すべての舌がイエスは主であると告白するためです。

学校や大学も、神のすばらしい働きがなされている場所です。学生たちは、昼食の時間や夜になると神に祈りをささげます。大学生たちはいろいろな宣教活動に携わり、国中の村を訪れてクルセードを開くとき、多くの人々が主に立ち返ります。彼らの目的は人々の魂を勝ち取ることです。各大学で礼拝が持たれ、ウガンダにあるすべての大学から学生たちが礼拝に集まってきます。神の前に賛美をささげ、神のご臨在に浸るのです。

一九九〇年当時、ウガンダの人口の二〇パーセントがエイズ・ウィルスに感染するだろうと予測されていました。しかし今日、このウィルスに感染しているのは人口の六～八パーセントだけであることがわかっています。教会はＡＢ計画なるものを用いました。（Abstinence《結婚するまで性交渉を持たない》 and Being Faithful《一人の人に対して誠実であり続ける》＋praying for the sick《病んでいる者のために祈る》）。政府はこのプログラムを大きく支援しました。アメリカのような大国さえ、ウガンダにおけるエイズ対策が実績を上げているのを知り、アドバイスを求めてきました。

ウガンダ中を巡り回った後、一九九七年に、私たちは国を挙げて悔い改めました。その目的は、国中で頻繁に行われていた「血の誕生」という伝統的な儀式から決別することでした。この集会は、大統領夫人であるジャネット・ムセベニ女史によって開催されました。ヨウエリ・カグタ・ムセベニ大統領も出席し、大統領自身が、異邦の神々からの決別を預言するような行動を取り、国旗を教会に返還しました。アーメン。この出来事が、ウガンダにおける霊の流れを変えました。その結果、この国において祈りの祭壇が増加しました。

一九九九年の大晦日のことです。大統領夫人が、ウガンダで一番大きなホールに牧師たちを招集し、年越しのイベントを催しました。非常に多くの人たちでその場はあふれていました。大統領や、政府の高官たちも出席していました。祈りのうちに新年を迎えると、政府の高官たちは契約書にサインをし、それを公共の場で読み上げました。

「私と私の国は、二〇〇〇年を迎えるにあたって神の目的のために存在することを契約します」

その場が喜びと感激の涙であふれたことは言うまでもありません。冷たい夜、祈りの場で、信仰者たちと大統領自身が時を過ごすことなど夢にも考えたことがありませんでした。神は国々を変革されるのです。絶えず祈り続けることが神の働きを前進させる鍵であることは間違いがありません。

祈りを通して、神はウガンダにおける伝道を祝福してくださいました。通りでは、青年たちや学校から帰る途中の子どもたちが大胆に神の国の良き知らせを語っています。もちろん、すべての人が彼らのメッセージに耳を傾けるわけではありません。しかし、義の種が人々の心に蒔かれていることは確かです。ある人々はタクシーの中で伝道します。また、ある人々はお店で物を買ったときに、店員に向かって福音を語ります。このようにして、神は伝道の門を開いてくださいました。

神の霊はジョン・ムリンデ牧師に、国々のために祈り続ける場所を立てなさいと語られました。私たちの国が暗黒時代にあったとき、私たちのために援助を惜しまなかった国々に報いるためにできることと言えば、祈りだけでした。主は、ムリンデ牧師を奮い立たせ、ウガンダの教会が多くの国々の祭司の国となると宣言させました。その結果、私たちは二四時間体制で祈ることのできる祈祷院を開設しました。祈祷院での祈りは、金曜日から始まり、夜を徹して祈り続けられます。いろいろな国の代表者たちが祈祷院を訪れ、神のすばらしいみわざの証しを体験しています。

主は言われました。

「来るべき年、私は全土に聖霊の油を注ぐであろう。しかし、すべての人ではなく、私を待ち望み、私の顔を求める者だけがその油注ぎを受ける。彼らは知るだろう。聖霊は彼らを造り変え、より大きな波と嵐に彼らを備えるだろう。朝露が降りてくるように、私は彼らに迫るであろう。能力によらず、力によらず、私の霊による。恐るべき聖霊の注ぎが、ウガンダにやって来る。聖霊はこの国と教会を全く新しく変革する」

今日神が行っておられるわざを見るとき、それが現実となっていることを確信できます。神を求めている人々、特に若い世代の子たちに神の霊の油注ぎの波が強く現れています。彼らは神と聖霊を求めています。もちろん、ウガンダだけではありません。世界中で起こっています。神はヨエル書二章二八節で約束されました。「その後、わたしは、わたしの霊をすべての人に注ぐ。あなたがたの息子や娘は預言し、年寄りは夢を見、若い男は幻を見る」。青年たちが、世界中で神を求めています。

昨年、私の牧師の祝福のもと、神は私を祈りと解放の務めへと召してくださいました。しもべの心と父の心を備えたクリスチャンを育てるためです。彼らは神に対する飢え渇きを持っており、その飢え渇きは、祈りと願いと涙ながらに神に嘆願する祈りによく表れています。私も彼らからチャレンジを受けています。青年たちは父たちが持っている経験を必要としています。しかし、それだけでは十分ではありません。彼らは、義なる神ご自身に出会う必要があります。

神の恵みによって、私たちは主を求めます。まだ、完成したわけではありません。私たちはより強く偉大な波と嵐が来ることを望んでいます。

敬愛する兄弟姉妹。私がこの本で語ったことが、あなたの祈りと神との歩みをより高いレベルへと引き上げることを願っています。歴史を見るなら、神がご自身の民の祈りにこたえられたことを知るでしょう。エジプトにおいて、イスラエルの子らは神に叫びました。そのとき神はモーセを通して、彼らを奴隷の身分から解放しました。モルデカイの時代、ユダヤ人たちは神を呼び求めました。すると神は、彼らのために圧倒的な勝利を収められました。今日もそうです。神は祈りにこたえられるお方です。神は私たちの祈りにこたえてくださり、私たちはウガンダですばらしいみわざを目撃しました。もし、神の民が立ち上がり、勝利するまで祈るなら、神が同じみわざをほかの国々でもなされることを、私は信じて疑いません。

ウガンダのリバイバル、そのいきさつ

リバイバル前のウガンダは腐敗していました。一九七〇年代、独裁政治を敷いたイディ・アミン大統領により、国民のおよそ三〇万人以上が虐殺され、数え切れないほどの遺体が道に転がっていました。教会は閉じられ、出入りができなくなりました。エイズが蔓延し、ものすごい勢いで広がっていきました。そのような中、ある一人の老女が牧師に杖を向けながら「あなたの神は生きているのか」と問いました。そのことばにチャレンジを受けたクリスチャンが大勢、大統領の目を避け、森の中で、湿地帯の中で祈り続けました。「私たちは神に出会うまで祈り続ける。もし

memo

イディ・アミン大統領

死ぬとしても、求め続けて死んだほうが良い」。そのような決心をもってウガンダに働く悪しき力と格闘したのです。すると、ある時から、クリスチャンたちの上に、神様の臨在の雲が降りるようになりました。そして、ものすごい勢いで人が救われ、病がいやされ、社会が変革され始めたのです。ある教会は、二週間で七名の信徒が二千名へと急成長しました。さらに必死な祈りに神様が答えられ、不思議なことが起き始めたのです。「一九九七年までには国民の三分の一がエイズで死ぬ」というWHO（世界保健機構）の予想は見事にはずれ、何千人というエイズ患者がいやされ、HIV感染の減少を見た初めての国となったのです。犯罪率は五〇パーセント低下し、アフリカの中で経済成長第三位の国ともなったのです。

政府も変えられました。悔い改めの結果、新しい閣僚として「倫理道徳大臣」という新しいポジションも生まれました。そして、一

数十万人を虐殺し「食人大統領アミン」として映画にもなった。一九七一年、軍事クーデターを起こし、オボテから政権を奪取した。そしてその後、インド人を中心とするアジア人を数万人国外追放にし、外国資本企業を突如国営化し、政敵・反乱分子を次々と暗殺・殺害するなど、悪名高い恐怖政治を行った。

九九九年一二月三一日、新しい千年を迎える時、大きなスタジアムでキリスト教の集会が持たれました。その中でムセベニ大統領夫妻は、「これからの千年間、ウガンダを公式に神にささげる」という宣言をしたのです。考えられない国家的な変革です。多くのウガンダのクリスチャンが、勝利を見るまであきらめず、命を賭けて祈り続けたゆえに、圧倒的な勝利が訪れたのです。

以下は、ウガンダ北部アチョリで起きたリバイバルの出来事です。そこでは反逆者による殺人、拉致、レイプ、人食い、生体切断などが相次ぎ、行政は機能していない状態でした。このウガンダ北部での一〇〇〇年にわたる腐敗の背後には、偶像礼拝による呪縛があったのです。

悪霊と契約を結んだジョセフ・コニー率いるカルト的なゲリラ組織ＬＲＡ（主の抵抗軍）は、三万人に及ぶ子どもを拉致し、殺人兵器として訓練し、虐待行為もくり

memo

ＬＲＡ（主の抵抗軍）

ＬＲＡがウガンダ北部の町や村で、略奪と子どもの誘拐を始めたのは、一九八〇年半ばのことだった。反政府活動を行っているＬＲＡは、同国北部地域の少年・少女を誘拐し、強制的に兵士・性の奴隷としている。ＬＲＡは、体罰・レイプなどの一般的な非人道的行為だけではなく、鼻や唇をそぎ落とす・耳を切断する・強制的に川に入れ溺死させるなど、常軌を逸した行動を行っており、そのあまりにもむごい行為は、現在も世界的な問題となっている。

返しました。また、ＬＲＡは女子を強姦目的で拉致しました。

一九九〇年代、ウガンダ政府軍は、ＬＲＡを鎮圧する力のないことを思い知らされていました。そしてウガンダ北部の痛みは、それ以外の地域の人々から二〇年近くもの間、無視されていました。そんな中、国連のヤーン・エーゲラン事務次長が、その無視を「道徳的非道行為」と指摘しました。そんなことがあって後、ウガンダ全域から北部へ人々が集結し、断食と悔い改めの祈りがスタートしました。

アチェリ族の伝道者ジョリアス・オイエッ師は、ミッションイベントで何千人もの人々を集め、地域の偶像礼拝の歴史を明確に語りました。そして総理大臣や軍部の総司令官たちと協議し、この紛争の霊的側面について説明しました。その後、選抜されたキリスト者チームがＬ

memo

ジョセフ・コニー

ＬＲＡの兵士とされた少年

RAの祭壇があるところへと派遣され、主の御名によって悪霊を粉砕しました。こうして二〇〇三年夏、「アウェリ」という丘からスタートした「ギデオン作戦」により、コニーから悪霊たちが離れ、彼は力を失ったのです。

それから政府軍は、LRA軍を次々に打ち破り、子どもたちの救出も順調に進んでいると政府は発表しています。

拉致から解放された子どもたちは、慈善団体の献身的な祈りとケアにより、リハビリを受けています。今、ウガンダ北部のアチョリ族に、平和の扉が開かれています。

編集部

訳者あとがき

まず、この本を著すにあたって、祈りが大切なことは、クリスチャンだったらだれでもが知っていることです。しかし、理想と現実がいつも異なるように、クリスチャンだからといって祈りの生活に満足している人は多くはないでしょう。

私自身のことになりますが、過去二六年間のクリスチャン生活を振り返ってみて、何か欠けている部分があったとすれば、祈りが不十分であったことだと認めざるを得ません。祈るべきときに祈り続けなかったこと。祈ってから決断すべきときに、自分の思いが優先して決断を誤ってしまったこと。祈ることによって聖霊の働きが顕著に現れてくることを体験しながらも、自分を取り囲む問題に対して自暴自棄になってしまい、祈ることをあきらめてしまったことなど。今、自分の通ってきた道を振り返ってみると、特に祈りにおいては、後悔と悔い改めの連続です。

キムリ師の教えは明瞭で「祈れ！」です。それも継続して、あきらめることなく、ブレークスルーを体験するまで祈れと、キムリ師は奨励します。キムリ師は祈りの方法として、①求める祈り　②捜す祈り　③門をたたく祈り、と三段階に区分し、祈りにおけるそれぞれの特徴を、モーセの幕屋と比較し、解明しました。キムリ師の霊的な眼は鋭く、牧会的、そして宣教的な配慮を持って、神と至聖所で出会うまで、継続して祈ることの重要性を説いています。

この本は、だれもが読める簡単な本です。そして、読者は祈ることのすばらしさを悟るでしょう。しかし、著者の願いは、「何もしないで、祈ることに喜びを感じないと嘆いていてはいけません。何かをすべきです。…とにかく何か始めてください」ということばに表されています。キムリ師の祈りに対するビジョンが、一人でも多くのクリスチャンにインスピレーションを与え、もう一度、神の前に祈る人となるよう願ってやみません。

最後に、翻訳者として私を信頼し選んでくださった、小牧者出版の吉田求社長に感謝いたします。

二〇〇六年二月

渡部伸夫

訳者： 渡部 伸夫
1979年、米国サンロレンゾキリスト教会で受洗。のぞみ合同メソジスト教会で青年部リーダーを担当。フラー神学校からM.Divを取得。米国会衆派教会より按手。サンタバーバラ・ベタニヤ会衆派教会で牧会に携わるかたわら、フラー神学校からD.Minを取得。1999年夏、帰国。現在東京ホライズンチャペル副牧師、ホライズン聖書学校校長。

ウガンダを変えた
ブレークスルーの祈り

2007年3月20日　初版発行

著　者　　マイケル・キムリ
翻　訳　　渡部　伸夫
発　行　　トランスフォーメーション・グロース
発　売　　小牧者出版
〒300-3253　茨城県つくば市大曽根3793-2
TEL: 029-864-8031
FAX: 029-864-8189
E-mail: saiwai_sub@agape-tls.com
ホームページ: www.agape-tls.com

乱丁落丁は、お取り替えいたします。 Printed in Japan.

ISBN978-4-915861-93-2

トランスフォーメーション・グロース

トランスフォーメーション

フィジー

Healing The Land

ウニヤニ師

好評発売中

ヒーリング・ザ・ランド

人をいやし地をいやす神

デイビッド・ニュービー著

フィジーに起こったリバイバルの軌跡！

宣教師の殉教、2度のクーデター・・・
互いに対立していた教会のリーダーたちがともに祈るところから始まった、フィジーのリバイバル。
和解と赦しの中で、何も収穫できなかった地がいやされ、魚が捕れなかった海に魚が戻って来た。
さまざまな奇跡と、人々に起こったリバイバル。その詳細をつづったレポートがここに！

contents

定価　1,400円+税